questions 6/8 ans réponses

Science et expériences

écrit et adapté par **Barbara Taylor**

Nathan

Édition originale parue sous le titre :
I Wonder Why Soap Makes Bubbles
Première édition : © Kingfisher 1994

Auteur : Barbara Taylor

Édition française :

Numéro d'éditeur : 10154781
ISBN : 978-2-09-252357-5

Pour l'édition canadienne :
ISBN : 2-7625-7834-5

Dépôt légal : mars 2009

Conforme à la loi n°49-956 du 16 juillet 1949
sur les publications destinées à la jeunesse.

Imprimé à Taïwan

Illustrations : (h = haut ; b = bas ;
c = centre, g = gauche ; d = droite)
Chris Forsey 6-7c/hd, 9bd, 12-13, 14-15, 21 hd, 23hd/bd, 24-25, 27hd, 28-29, 30-31 ;
Ruby Green 4-5, 7bd, 8-9bg/c, 16-17, 22-23c, 26-27c ; Biz Hull (Artists Partners Limited) 10-11c, 18-19c, 20-21 ; Tony Kenyon (B.L. Kearley) : tous les dessins humoristiques.

SOMMAIRE

Qu'est-ce que la science ?

La science essaie de comprendre comment et pourquoi certaines choses se passent dans le monde autour de nous. Il peut s'agir de choses de tous les jours, comme savoir où va l'eau quand elle s'évapore, ou bien de choses plus compliquées, comme expliquer pourquoi nous avons besoin de l'eau pour vivre.

3 Mets un verre d'eau dans le congélateur et laisse-le pendant une heure ou deux. Que remarques-tu quand tu le sors ? L'eau n'est plus liquide : elle est solide. On ne peut pas verser un solide.

2 Maintenant, remplis une carafe d'eau et verses-en un peu dans un verre. La plupart des liquides coulent, mais certains plus rapidement que d'autres. Essaie de verser du miel dans une soucoupe : coule-t-il aussi vite que l'eau ?

1 La cuisine est l'endroit idéal pour un scientifique. Commence par ouvrir un robinet et regarde l'eau qui s'en écoule. Tout ce qui coule comme l'eau est un liquide.

Que font les scientifiques ?

Une des premières tâches des scientifiques est de se poser des questions. Ensuite, ils essaient d'y répondre en examinant de près les choses et en les analysant (cela s'appelle l'expérimentation). Les scientifiques réussissent parfois à trouver une réponse, mais pas toujours !

4 Tout liquide peut changer de forme, mais pas tous les solides. Verse de l'eau dans un petit moule à tarte. L'eau remplit parfaitement toute la surface du moule. Que se passe-t-il si tu le remplis de glaçons ?

5 Demande à un adulte de verser une tasse d'eau dans une casserole et de la faire bouillir. Tu remarques alors qu'il se forme beaucoup de vapeur ! Laisse l'eau refroidir, puis reverse-la dans la tasse. Il y a moins d'eau maintenant ! Où est passé le reste ?

6 Quand l'eau bout, elle passe d'un état liquide à un gaz que l'on appelle vapeur d'eau. On ne peut pas voir ce gaz ; l'eau semble avoir disparu.

Qu'est-ce qui peut marcher sur l'eau ?

De petits insectes comme le gerris peuvent marcher sur l'eau sans couler car ils sont extrêmement légers. Ils n'y parviendraient pas sans l'existence d'une force appelée tension de surface. Elle tire la surface de l'eau et forme une sorte de peau.

● Les gouttes de pluie ne sont pas parfaitement rondes, elles sont aplaties à leur base.

Pourquoi les gouttes d'eau sont-elles rondes ?

Les gouttelettes d'eau sont presque parfaitement rondes. C'est la tension de surface qui leur donne cette forme. Quand elles grossissent, elles s'étalent et perdent cette forme. Elles sont trop lourdes pour que la tension de surface les maintienne rondes.

- Certains lézards courent si vite qu'ils peuvent traverser rivières et lacs sans couler. Un bon truc pour échapper au danger !

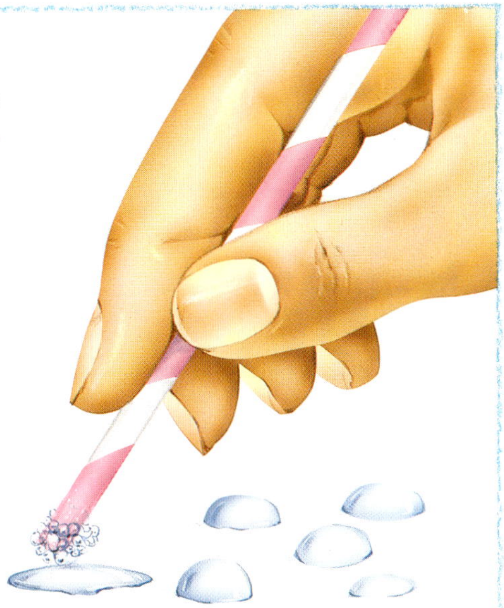

- Touche délicatement une goutte d'eau avec une paille savonnée. La goutte s'aplatit. Le savon annule la tension de surface de l'eau qui ne peut plus maintenir la forme de la goutte.

Pourquoi le savon fait-il des bulles ?

En ajoutant du savon à l'eau, on diminue la tension de surface et la peau qui se forme à la surface de l'eau devient plus extensible. Elle s'étirera plus aisément lorsque l'on soufflera de l'air pour former une bulle.

Pourquoi les bouées me font-elles flotter ?

Les bouées t'aident à flotter lorsque tu apprends à nager. L'air qu'elles contiennent t'empêche de couler.

Lorsque tu gonfles ta bouée, tu la remplis d'air. L'air est beaucoup plus léger que l'eau, il te maintient à la surface de l'eau. Mais l'eau t'aide aussi à flotter. Elle a tendance à repousser vers la surface ce que l'on y plonge.

Il est plus facile de flotter dans l'eau de mer salée qu'en eau douce. Dans la mer Morte, au Proche-Orient, l'eau est si salée que les baigneurs ne peuvent pas couler, même sans bouée !

Fais ta propre expérience. Trouve cinq objets trop lourds pour flotter et cinq objets suffisamment légers qui flottent.

● Les plongeurs ne veulent pas flotter. Pour couler, ils portent une ceinture lestée (à laquelle sont attachés des poids). À ne pas faire !

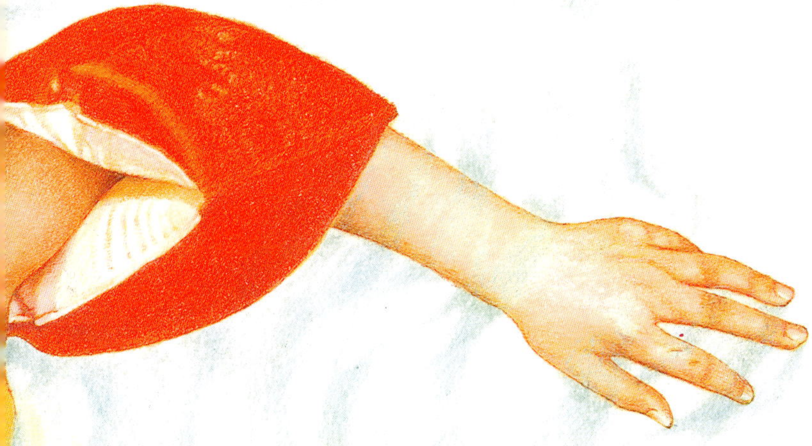

● De nombreux poissons ont une poche d'air appelée vessie gazeuse ou natatoire. Elle fonctionne un peu comme une bouée. Quand le poisson la remplit, il monte, quand il la vide, il redescend vers le fond.

Pourquoi les requins ne peuvent-ils pas s'arrêter de nager ?

Lorsqu'un requin cesse de nager, il coule comme une pierre. Par rapport à sa taille, il est assez lourd et n'a pas de vessie gazeuse. Comme toi, il doit nager en permanence pour se maintenir dans l'eau.

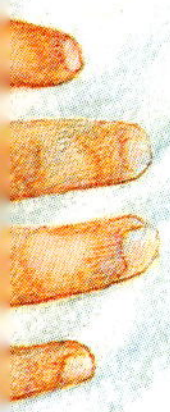

Pourquoi le corps consomme-t-il de l'énergie ?

L'énergie emmagasinée dans ton corps provient de l'alimentation. Toute action nécessite de l'énergie : marcher, courir, sauter et même parler ou écrire. Lorsque tu as faim, c'est un signal que t'envoie ton corps. Il demande que tu remplaces l'énergie que tu as consommée.

● Lorsque tu cours, l'énergie stockée dans ton corps se transforme en mouvement.

● Voici quelques exemples de différentes formes d'énergie.

La chaleur

Le mouvement

Le son

L'énergie fournie par une pomme te permet de dormir une demi-heure.

L'énergie n'est jamais créée ou perdue, elle se transforme sans arrêt. En bandant un arc, ton bras lui transmet de l'énergie. Lorsque la flèche part, cette énergie se transforme en mouvement.

Qu'est-ce que l'énergie ?

Sans énergie, rien ne se produirait dans l'univers. Tu ne peux pas voir l'énergie, mais tu vois son action sur les choses. C'est grâce à elle que les voitures roulent, que les avions volent, que les lampes s'allument…

L'alimentation

L'électricité

La lumière

Pourquoi ma cuillère devient-elle chaude quand je remue mon chocolat ?

La chaleur se transmet d'un corps à un autre. Ta cuillère devient chaude parce qu'elle est en contact avec le chocolat qui est chaud.

- Les corps qui transmettent bien la chaleur sont appelés des conducteurs. Le métal est un bon conducteur.

- Le corps humain perd sans arrêt de la chaleur. Certaines alarmes fonctionnent même en détectant la chaleur émise par un cambrioleur.

Pourquoi le soleil me réchauffe-t-il ?

Le Soleil nous éclaire, mais en plus, il dégage de la chaleur. Cette chaleur traverse l'espace sous la forme d'un rayonnement pour parvenir jusqu'à nous. Par une journée d'été bien ensoleillée, nous sentons nettement l'effet de la chaleur sur notre peau.

● Dans une pièce froide, si tu marches pieds nus sur du carrelage, tu auras froid aux pieds. En revanche, si tu marches sur de la moquette, tu ne sentiras pas le froid. Le carrelage est très conducteur (il transmet le froid), alors que la moquette isole (elle arrête le froid).

Comment font les deltaplanes pour voler ?

Certaines zones du sol absorbent bien la chaleur du Soleil. Lorsqu'elles ont accumulé suffisamment de chaleur, elles réchauffent l'air situé au-dessus d'elles. L'air chaud monte en formant des colonnes que l'on appelle courants thermiques. Les deltaplanes utilisent ces courants pour s'élever.

Pourquoi les plongeurs n'ont-ils pas froid ?

Il est parfois difficile de conserver la chaleur. Les plongeurs portent une combinaison de caoutchouc pour maintenir leur corps au chaud. Le caoutchouc isole de l'eau froide et empêche la chaleur du corps de s'échapper.

- Les vestes en duvet protègent du froid. L'air retenu entre les plumes de duvet forme une excellente protection isolante.

- Sous leur peau, les phoques ont une épaisse couche de graisse. Cette graisse isole leur corps de l'eau glacée.

- Entre le corps du plongeur et la combinaison, il se forme une mince couche d'eau. Cette couche d'eau est réchauffée par la chaleur du corps et isolée de l'eau froide par la combinaison.

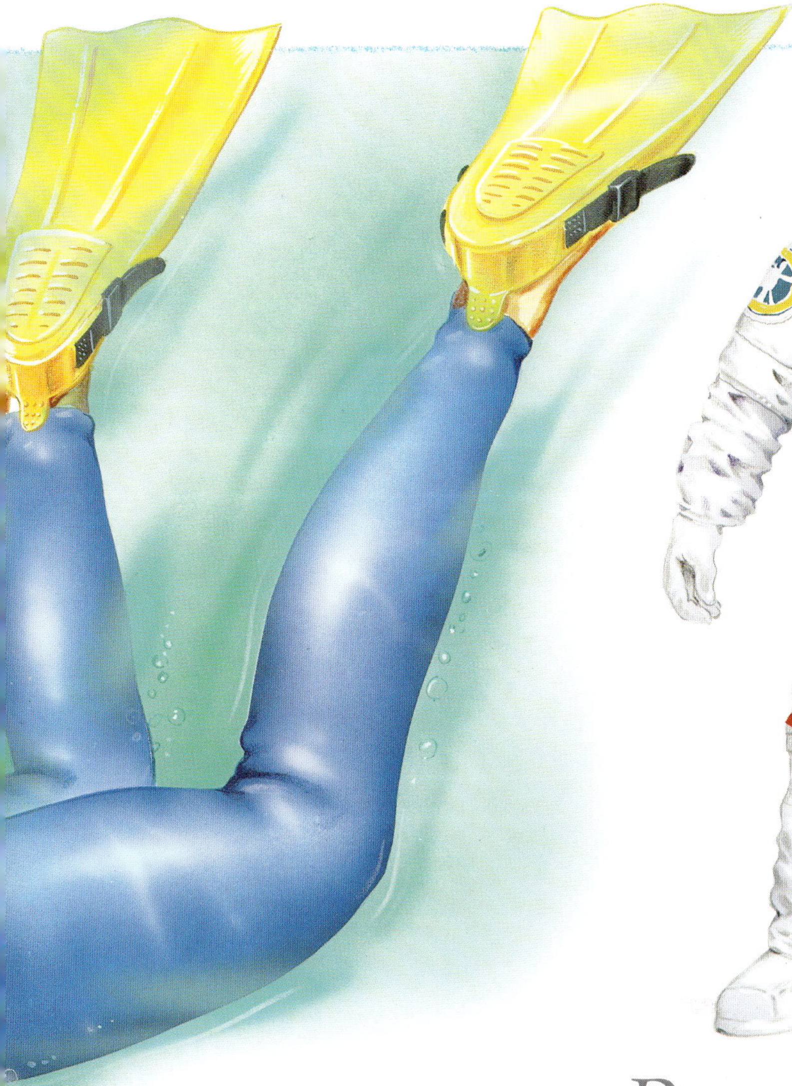

Pourquoi les astronautes n'ont-ils pas chaud ?

Hors de l'atmosphère, les rayons solaires sont très puissants et dégagent une forte chaleur. Sous leurs combinaisons, les astronautes portent un sous-vêtement parcouru de tuyaux très fins. De l'eau fraîche circule dans ces tuyaux de manière à maintenir le corps à une bonne température.

- La navette aussi doit être protégée de la chaleur. Son revêtement est fait de sortes de tuiles isolantes.

- Les queues des casseroles et des poêles sont recouvertes de matériaux isolants, sans quoi on se brûlerait les mains.

Pourquoi a-t-on froid après une douche ?

Ton corps perd sans arrêt de la chaleur. Mais lorsque tu es mouillé, tu perds encore plus de chaleur parce que ta peau s'efforce de faire s'évaporer l'eau qui est encore sur elle. Cette évaporation consomme beaucoup d'énergie.

• Lorsque tu sèches tes cheveux, tu chauffes l'eau qui les recouvre pour la faire s'évaporer.

Pourquoi y a-t-il de la buée sur les miroirs de la salle de bains ?

Après une douche, l'air de la salle de bains est très chaud et plein de vapeur d'eau. Lorsqu'il rencontre une surface froide comme un miroir, la vapeur d'eau se refroidit et se dépose en très fines gouttelettes qui forment la buée. On appelle cette transformation de vapeur en eau la condensation.

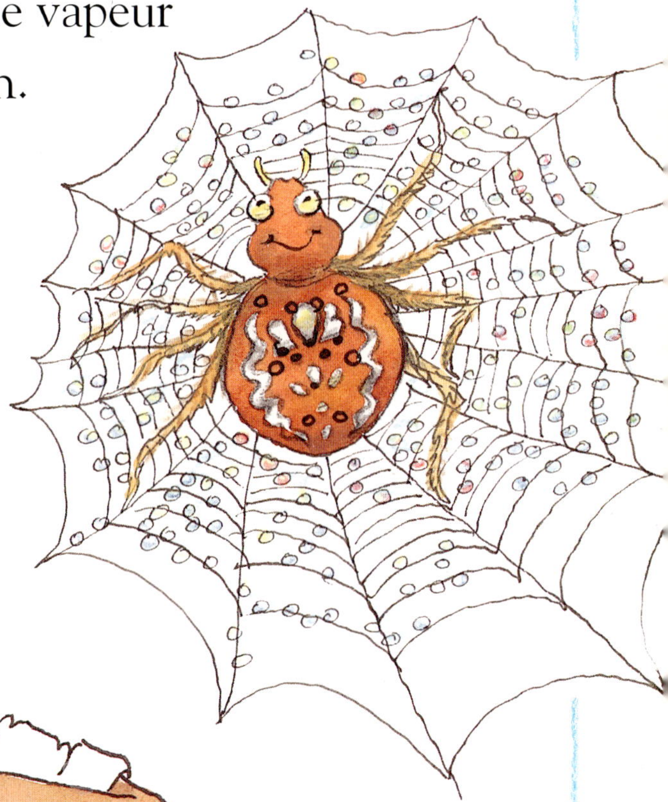

● Après une nuit fraîche, on voit des gouttelettes de rosée sur les toiles d'araignée ou dans l'herbe. Il a fait suffisamment froid dans la nuit pour que la vapeur d'eau contenue dans l'air condense (se transforme en gouttelettes).

● La condensation ne facilite pas le travail du dentiste. Ton souffle forme de la buée sur son miroir et il ne peut pas examiner tes dents.

Qu'est-ce que le son ?

Le son est une autre forme d'énergie. Nous percevons un son lorsque des mouvements très rapides de l'air, qu'on appelle vibrations, parviennent à nos oreilles.

• Certains chanteurs peuvent briser un verre en émettant une note très élevée.

• Mets en évidence les vibrations : attache un petit morceau de papier de soie à un fil de nylon. Fais-le pendre devant un haut-parleur et mets la musique très fort. Tu verras bouger le morceau de papier.

• En frappant des cymbales, tu les fais vibrer et tu émets un son.

Pourquoi les trompettistes gonflent-ils les joues ?

En gonflant les joues, on emmagasine de l'air que l'on fait passer entre les lèvres pour les faire vibrer. Cette vibration des lèvres se transmet à l'air et est amplifiée par la trompette. Les notes de musique sortent par le pavillon de la trompette.

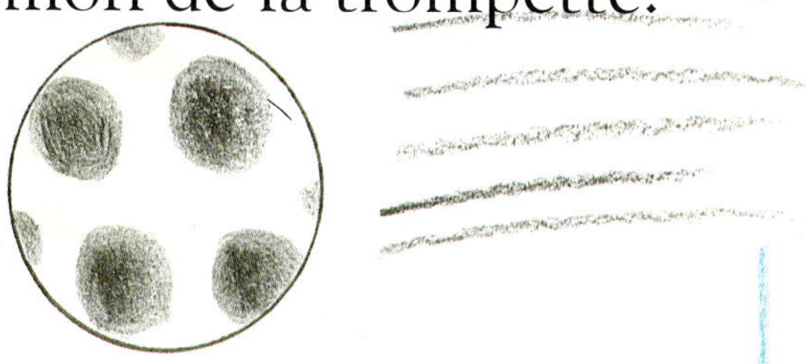

• Le son parcourt dans l'air 340 mètres par seconde (soit environ la longueur de quatre terrains de football).

• Le son ne se propage pas dans le vide. C'est la raison pour laquelle les astronautes utilisent des radios pour parler entre eux.

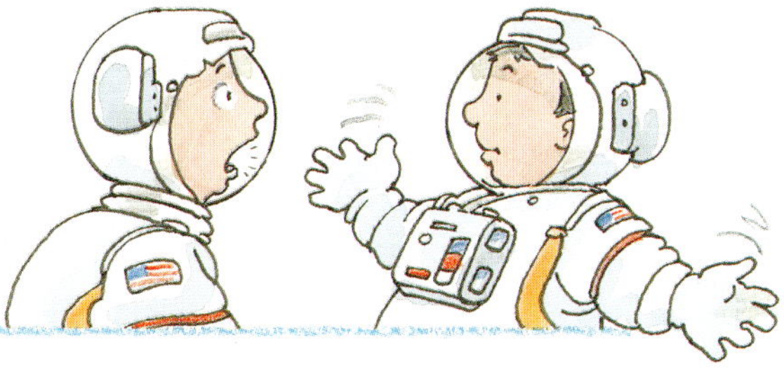

Le son peut-il traverser l'eau ?

Oui, le son se déplace même quatre fois plus vite dans l'eau que dans l'air. Ainsi, une baleine peut se faire entendre d'une autre située à plus de cent kilomètres.

Pourquoi y a-t-il des ombres ?

• Essaie de faire des ombres d'animaux sur un mur avec tes mains.

La lumière se déplace en lignes droites sous forme de rayons. Lorsque les rayons rencontrent un obstacle qu'ils ne peuvent traverser, la lumière est arrêtée et il se crée une ombre derrière l'obstacle.

• La lumière ne peut pas traverser de nombreux objets : les murs, les meubles, ton corps. Ces objets sont dits opaques.

• La lumière est une forme d'énergie. Les plantes utilisent cette énergie dans leurs feuilles pour se nourrir. La fleur de tournesol suit le déplacement du Soleil dans la journée pour rester toujours face à lui.

Sais-tu que l'ombre peut te servir à connaître l'heure ? Place au soleil une bobine de fil dans laquelle tu mets un crayon. Chaque heure, trace un trait sur un papier le long de l'ombre du crayon. Ton cadran solaire est désormais prêt.

Pourquoi peut-on voir à travers le verre ?

On voit à travers le verre parce qu'il est transparent, ce qui signifie qu'il laisse passer les rayons lumineux. Le verre permet aux fenêtres d'éclairer les maisons. On peut même voir ce qu'il se passe dehors !

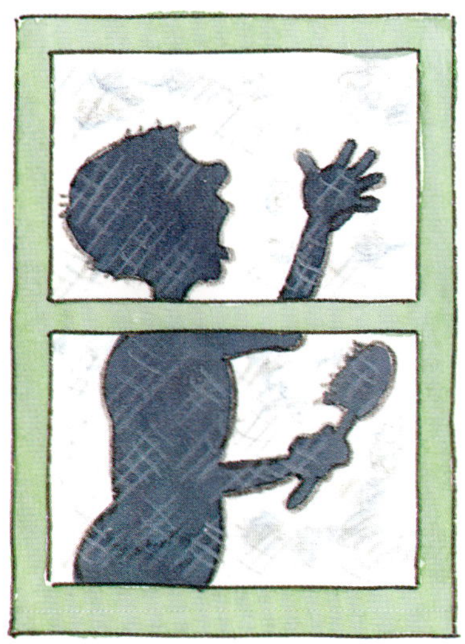

Les vitres de la salle de bains sont souvent en verre dépoli. Elles laissent passer la lumière mais ne permettent pas de voir au travers.

La lumière peut-elle rebondir ?

Lorsque les rayons lumineux ne peuvent pas traverser un objet, ils rebondissent dessus tout comme une balle rebondit par terre. Cela s'appelle la réflexion de la lumière. Nous voyons les objets parce que la lumière rebondit sur eux et se réfléchit jusqu'à nos yeux.

● Tu peux te voir dans une flaque d'eau parce que l'eau renvoie la lumière vers tes yeux.

● Un sous-marinier observe la surface de l'eau avec un périscope. Les miroirs du périscope réfléchissent la lumière jusqu'à son œil.

● La Lune réfléchit la lumière du Soleil. Elle n'émet pas elle-même de lumière.

Découpe un trou dans un carton. Bouche-le avec du ruban adhésif transparent. Place délicatement une goutte d'eau sur le trou et observe une petite chose, comme une coccinelle, au travers. Elle te semblera plus grosse. La goutte d'eau joue le rôle d'une loupe.

Pourquoi nos jambes semblent-elles plus courtes sous l'eau ?

Dans l'eau, les rayons lumineux se déplacent plus lentement que dans l'air, ce qui modifie notre vision. Lorsque tu regardes tes jambes baignant dans l'eau, elles te semblent plus courtes et plus grosses ; c'est une illusion.

Sous l'eau, un poisson a toujours l'air plus gros qu'il ne l'est en réalité ! Et tu auras du mal à l'attraper, car il n'est en fait pas exactement à l'endroit où tu crois le voir.

Pourquoi y a-t-il des arcs-en-ciel ?

La lumière du Soleil semble être blanche et pourtant elle est composée de plusieurs couleurs. Lorsqu'il pleut et que le Soleil brille en même temps, la lumière passe à travers les gouttelettes et se décompose en plusieurs couleurs. Celles-ci apparaissent toujours dans le même ordre (du rouge au violet) et forment un arc-en-ciel.

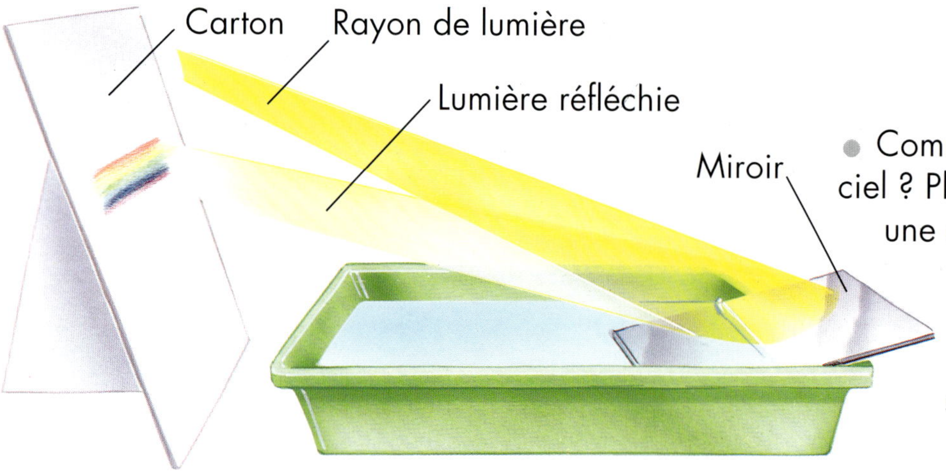

- Comment réaliser un petit arc-en-ciel ? Place un miroir dans une cuvette d'eau. Dispose en face un carton blanc. Éclaire fortement le miroir. Tu verras les couleurs de l'arc-en-ciel se former sur le carton.

● Pas besoin d'attendre qu'il pleuve pour voir un arc-en-ciel. Tu peux le créer dans le jardin en arrosant par un jour bien ensoleillé.

Pourquoi l'herbe est-elle verte ?

On ne voit que ce qui réfléchit la lumière. Mais les objets ne renvoient pas toutes les couleurs qui composent la lumière, certaines sont absorbées. L'herbe est verte parce qu'elle absorbe toutes les couleurs de la lumière, excepté le vert.

● Les couleurs vives de certains animaux sont comme des signaux d'alarme. Les rayures jaunes et noires des guêpes nous mettent en garde contre leurs piqûres.

Les chats perçoivent-ils les couleurs ?

● Beaucoup d'animaux n'ont pas réellement besoin de voir les couleurs. Ils se fient plus à leur ouïe ou à leur odorat.

Oui, mais ils ne voient pas toutes les couleurs que nous voyons. Les chats ont une grande activité nocturne. La vision des couleurs claires leur est donc moins utile qu'à nous.

De quoi l'air est-il fait ?

L'air est un mélange de gaz. Il contient surtout de l'azote et de l'oxygène, ainsi que du dioxyde de carbone et de la vapeur d'eau. On y trouve aussi du sel, des poussières et, hélas, divers polluants. L'air est inodore (sans odeur), invisible, et on ne sent sa présence que lorsque le vent souffle.

- Quand tu souffles les bougies d'un gâteau, c'est de l'air que tu utilises.

- L'air a un poids. L'air contenu dans une pièce de taille moyenne pèse autant que 70 boîtes de conserve.

Pourquoi y a-t-il des bulles dans les sodas ?

Les bulles des sodas sont faites de dioxyde de carbone. Ce gaz est introduit sous pression dans la bouteille et se mélange au liquide. Lorsque l'on ouvre la bouteille, le gaz s'échappe du liquide parce qu'il n'est plus sous pression.

Fabrique toi-même des bulles. Mets une cuillère de levure dans un verre d'eau. Le mélange pétille.

Pourquoi les gâteaux lèvent-ils ?

Lorsque l'on place un gâteau au four, la pâte chauffe et dégage des bulles de dioxyde de carbone. C'est ce gaz qui fait augmenter le volume du gâteau.

Un gâteau bien levé est beaucoup plus digeste.

Pourquoi les bicyclettes ont-elles des pneus ?

Les pneus servent à rouler en accrochant le sol. Si tu en regardes un de près, tu remarqueras qu'il a un dessin en relief qu'on appelle sa sculpture. Ce relief permet à l'eau de s'évacuer de dessous le pneu, ce qui évite de glisser.

- Lorsqu'un pneu roule, il frotte sur la route. Cette force de friction lui permet de bien adhérer au sol, mais c'est aussi la cause de son usure !

Pourquoi les pneus sont-ils pleins d'air ?

En gonflant les pneus d'une bicyclette, on les durcit tout en les laissant légèrement mous. Ils forment un coussin entre le vélo et la route et amortissent les chocs.

Comment fonctionnent les freins d'un vélo ?

Lorsque tu appuies sur les leviers de frein, un câble actionne des patins qui viennent frotter sur la roue. Cette friction ralentit la roue jusqu'à l'arrêter complètement.

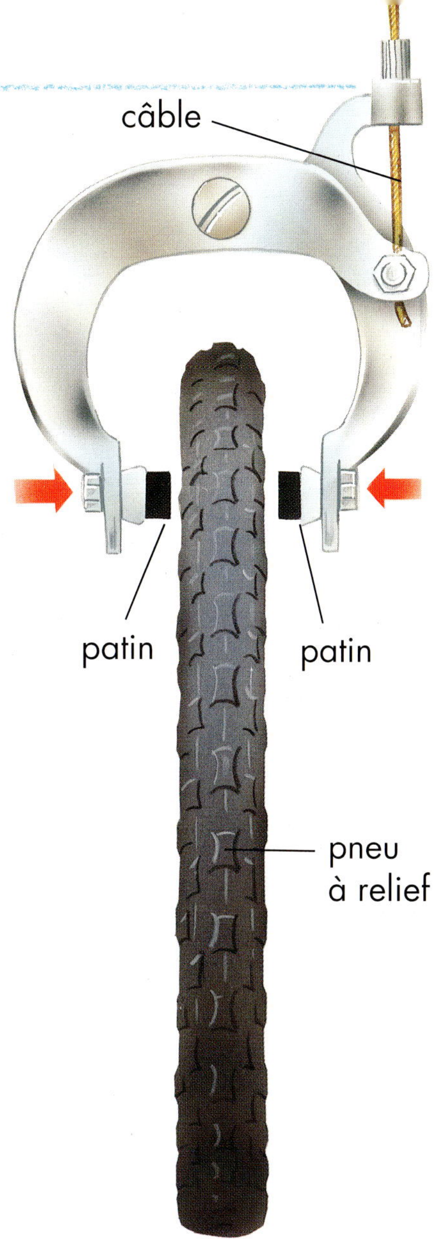

- Sans les forces de friction, nous glisserions à chacun de nos pas, comme si nous marchions sur une peau de banane.

- Gonfler une roue demande beaucoup d'efforts, car tu comprimes beaucoup d'air dans un espace réduit.

Pourquoi avons-nous besoin de l'air ?

• Toutes les plantes ont besoin d'air, de lumière et d'eau pour vivre, comme tous les êtres vivants sur la Terre.

Tous les êtres vivants ont besoin de respirer l'oxygène contenu dans l'air pour vivre. L'organisme transforme l'oxygène en énergie.

• Bien que vivant dans l'eau, les baleines viennent respirer à la surface. Elles peuvent ne respirer que toutes les deux heures.

Pourquoi avons-nous besoin de la lumière ?

Sans lumière du Soleil, il n'y aurait rien à manger. Les plantes tirent leur nourriture de la lumière et nous mangeons des plantes ou des animaux qui eux-mêmes se nourrissent de plantes. Sans les plantes, nous serions tous morts de faim.

Pourquoi avons-nous besoin de l'eau ?

Sais-tu que près des deux tiers de ton corps sont faits d'eau ? Et il en est de même de presque tous les êtres vivants. Nous avons tous besoin d'eau pour rester en vie.

- Si tu as déjà campé, tu as pu observer qu'à l'emplacement de la tente, l'herbe était devenue toute pâle. Elle meurt faute de lumière, mais repoussera très vite après ton départ.

- On peut se passer de nourriture pendant plusieurs semaines, mais sans boire, on meurt en quelques jours.

Index

Scared Bear

Children's Art & Inquiry Book

by Tanya Lynn Coghill

This is a work of fiction. Names, characters, places, and incidents either are the product of the author's imagination or are used fictitiously. Any resemblance to actual persons (living or dead), events, or locales is entirely coincidental.

For more information, address: tanyateeearttlc@gmail.com.

First paperback edition October 2023

Edited by Jenifer R and Elise Wishlow
Book design by Veronica Scott

ISBN 978-1-7380341-0-9 (hardcover)
ISBN 978-1-7380341-2-3 (paperback)
ISBN 978-1-7380341-1-6 (ebook)

www.tanyateearttlc.com

This book belongs to:

The author and artist, Tanya Lynn Coghill, next to her self-portrait at Mission Art Gallery, 2023

Inspired by a True Story

Bear telepathically communicated his story to me during a thrilling nose-to-nose encounter over my garden fence. When our eyes connected, my mind flooded with his story. Bear told me everything. I did my best to translate and let his voice be heard.

The illustrations honour our ancestors and generate new perspectives. Please enjoy the adventure of Bear, who discovers the meaning of life through kindness and curiosity.

-Tanya Lynn Coghill

Book Concept

Art is everywhere. This compelling story weaves together art history, famous art, and technology to tell the adventure of a bear who discovers friendship and kindness. Tanya's lively paintings, inspired by the greatest names in history, provide new perspectives on art masterpieces and technological movements through the eyes of a bear.

Parents and teachers will enjoy the art inquiry questions that generate new ideas, as well as the fabulous art activity that both instructs and allows for artistic freedom.

Students will learn to draw their own bear easily with the simple step-by-step visual directions that promote creativity and sharing.

Bear looks down on the town from his favourite lookout spot. He takes his time gazing at all the pretty lights, which shine brightly and invite Bear's curiosity.

However, his family's words replay in his head: "Stay away from town... It's dangerous." His family elders were always warning him and his siblings. Oh, but those bright lights were always shining, and always inviting, like a never-ending light show.

Bear decides to ignore his family's advice.

I'm old enough now, he thinks, and off he trots to cure his curiosity. Bear sways, left to right, left to right, being very careful.

Little does Bear know that it is Halloween. He is in for a *treat*, indeed. The town is getting ready for the holiday season and soon the sky will light up in a million colours.

Kapow! Crack! Boom!

"The stars are exploding!" Bear screams.

The sky echoes and booms, flashing pompoms of sound and light that scare Bear. Terrified, he runs and runs.

"Help! Where can I hide?" Bear yelps.

Bear runs past a green cackling witch on a broom. "AHHHHHH!" Bear screams and runs faster. He runs past glowing ghosts flying in the trees. *Booooo!*

Bear runs faster and faster. He runs into a gang of angry fire pumpkins laughing at him. "Is that a ske-ske—SKELETON?!" A skeleton glares at Bear from his grave. "AHHHHHHHHHHHH!" Bear screams.

POP
MOMMYYY...
BAM!

Bear sees a tall tree where he can hide.

Up, up, up, he climbs.

Pop! Whack! Oh dear! Bear is falling down faster than he climbed up. Bear hits the ground with a thud. *Bam!*

"Ouch, my foot hurts," Bear cries.

Bear slowly falls asleep, scared and sore.

"*WOOF! WOOF! Bark! Bark!* Who are you?"

Bear looks through the fence. There's a puppy barking loudly. "Shhhhh," Bear whispers.

A human comes out of the house. She kisses Puppy on the head. Then she says, "Everything will be okay."

Bear looks in wonder, feeling a little sad now. He can't walk. His foot hurts, and he misses his family. *I wish my mom could tell me everything will be okay,* Bear thinks.

Bear watches the family pick up apples under the apple tree together. He thinks about his family collecting food together, too.

Gurgle, gurgle! Creak, creeakkk! Is that Bear's tummy talking? *Oh, I'm really hungry,* he thinks.

Grrrurrgle, gurgle! Rrrrummmble! Rumble! "I'm starving," Bear moans. He tries to ignore his hunger and puts his head down to get some rest.

Bear needs to wait till the town is quiet again before he can go home.

Plop! Plop! Thud! Donk! Ouch!

Bear wakes up to apples plonking him on the head.

So many apples: Big ones, little ones, brown ones, red ones, wormy ones, sour ones, super sweet ones, and even soupy ones. *Yuck!*

But Bear eats *all* the apples.

Bear is not hungry anymore!

"These are delicious." Bear
smiles with big apple jelly lips.

"Hiccup. Hiccup."

Oh dear! Bear feels dizzy
and sleepy now.

I think I ate too many...

hiccup... apples...

With a big, jiggling, applesauce belly, Bear takes a long, happy nap.

“*Woof. Bark. Yip!*” Puppy wakes Bear up again.

“It’s getting dark. Time to go!” Puppy yips.

“It *is* a good time to leave,” says Bear. He thanks Puppy and winks. “Thank you, Puppy! I can go home now, and my foot feels better, too.”

Bear stops to look at the family in the window. They are setting the table for dinner together. Bear smiles and thinks about his family having dinner together and how he likes to help his family, too.

Maybe I can make it home for dinner and help set the table, thinks Bear. He decides to take a shortcut. On his way home, he discovers the aurora borealis dancing across the Milky Way like a magical yummy milkshake.

Suddenly, a shooting star zips across the night sky. Bear makes a wish. He looks up and appreciates his own beautiful light show, and without those scary fire pumpkins.

Bear makes it home and finds his pet squirrel waiting for him in the front yard.

"Welcome home!" chirps pet squirrel.

"Thanks, Fish! I'm so happy to be home!" roars Bear. He spins on his toes and swings the door open. He's made it just in time for dinner. *His wish has come true.*

"I'm home! I'm home! *Home sweet home!*" Bear sings with delight.

His brother, sister, mom, dad, and uncles are all so happy to see Bear return home safely.

Mama Bear
kisses his
head and says,
“Welcome home.
You’re just in
time for dinner.”

Bear smiles a
toothy grin and
asks, “What’s for
dinner, Mom?”

"*Apples*," Mom replies.

"Oh no! Not again!
Hahahaha," Bear laughs.

Bear shares his adventures
and good fortune over apples.

The end.

Artists and Art Movements That Bear Used to Communicate

Van Gogh Bear, 2021-23, oil on canvas, 60 x 86 cm, Tanya Lynn Coghill (TLC).
Inspired by Vincent van Gogh's *Starry Night*, 1889. His imaginary evening and the town view have inspired many generations.

Cubism Bear, 2022-23, oil on wood, 24 x 24 cm, TLC.
This painting is inspired by the Cubism movement and works such as Georges Braque's *Violin and Sheet Music*, 1913. Cubism was fascinated with movement and helped to blur the lines between real and not real.

Bear Scream, 2021-23, acrylic on canvas, 40 x 50 cm, TLC.
Inspired by Edvard Munch's *The Scream*, 1893. This painting famously captures the isolation of anxiety and fear of the human condition. Also, the 1990 movie *Home Alone* adapted the image into a popular culture body gesture for expressing anxiety, vulnerability, and the underdog.

Goya Bear, 2022-23, acrylic on canvas, 40 x 50 cm, TLC.
Inspired by Francisco Goya's *The Third of May*, 1808, and *The Black Paintings*, 1819–1823. Goya recorded the horrors of the human condition during the Spanish Civil War, 1936-39.

Bam Bear, 2022-23, acrylic on canvas, 50 x 40 cm, TLC.
Inspired by Roy Lichtenstein's *Wham*, 1963, and the Pop art movement (1950s-1960s), which blurred the lines between life and art.

Puppy Kiss, 2022-23, acrylic on canvas, 40 x 50 cm, TLC.
Inspired by Gustav Klimt's *The Kiss*, 1907–08. This intimate moment of love is embedded into the mind—once seen, you can never un-see the tenderness captured and shared.

Millet Bear, 2022-23, acrylic on canvas, 33 × 44 cm, TLC.
Inspired by Jean-François Millet's *The Gleaners*, 1857.

This image portrays workers in the field preparing for harvest, while the observer watches their progress on horseback behind the fence.

Apple Bear, 2022-23, acrylic on wood, 102 x 60 cm, TLC.
Inspired by the apple, a symbolic influence in the consciousness of the human mind for an expression of nature, knowledge, health, power, love, gravity, deception, and food. Examples include Sir Isaac Newton, Snow White, Adam and Eve, Apple products, and the saying, "an apple a day..."

Gutenberg Bear, 2021-22, acrylic on canvas, 60 x 50 cm, TLC.
Inspired by the invention of the printing press in 1440. Johannes Gutenberg changed the speed at which information was recorded and distributed to the masses.

Cave Bear, 2022-23, acrylic on canvas, 50 x 60 cm, TLC.
Inspired by cave paintings, the oldest of which is thought to be at least 45,500 years old.

Egyptian Bear, 2022, acrylic on canvas, 30 x 40 cm, TLC.
Inspired by Egyptian art and mystery. We are still learning about this advanced ancient civilization that produced sculptures, paintings, drawings on papyrus, and amazing architectural feats.

Emily Bear, oil on canvas, 2022-23, TLC.
Inspired by Emily Carr's *Odds and Ends*, 1939. Emily Carr's works and dedication to art have inspired many Canadians to grow up to be artists.
I admire her—especially her love of nature.

Picasso Bear With Squirrel, 2022-23, acrylic on canvas, TLC.
Inspired by Pablo Picasso's *Girl Before Mirror*, 1932. This woman ponders on her own reflection as she looks in the mirror.

Da Vinci Bear, 2022-23, acrylic on canvas, 50 x 60 cm, TLC.
Inspired by Leonardo da Vinci's *The Last Supper*, 1495-98, and his immense contributions to art, technology, science, and universal wisdom.

Share Bear, 2022, acrylic on canvas, 23 x 31 cm, TLC.
Inspired by *Egyptian Bear*, TLC.

Art Inquiry
for *Scared Bear*

1. Who is the main character?

2. Why did Bear call his pet squirrel "Fish"?

3. Who wrote the story?

4. Who did the art in *Scared Bear*?

5. What did Bear learn on his adventure?

6. What did you learn from Bear?

7. With what artists did Bear communicate his adventure?

8. What is your favourite illustration in *Scared Bear*? Why?

9. How do you feel about bears after reading *Scared Bear*?
   Were you inspired after reading and participating in *Scared Bear*?
   If so, give examples.

10. Do Puppy and Bear communicate to each other? How?

11. What materials were used to make *Scared Bear*?

12. How does *Scared Bear* communicate kindness and friendship?

13. What does family look like in *Scared Bear*?

14. What roles did artists play in significant historical events in Canada?

15. What is the relationship between art and nature? How does art generate perspectives of nature?

16. Choose an illustration from the story and explain why Bear chose this historical image to convey his experience?

17. Choose an image from the book and describe the differences and similarities between the original artwork and *Scared Bear* collaboration.

18. How do the illustrations help in translating the story?

19. How has cave art informed art today? Who were the prehistoric artists? What inspired them?

20. How does art generate ideas about bears?

21. What are plagiarism and copyright?

22. Where do artists get their inspiration?

23. How do artists contribute to our interpretation of nature?

24. What would Canadian society look like without the certain contributions of artists, art movements, and inventions?

25. Why did Bear choose art to convey his feelings?

26. What would Canada be without "the bear"?

27. How does technology inform our perspectives of nature?

28. What prosocial behaviour does *Scared Bear* touch upon? Example: shared resources?

Scared Bear Art Activity

Step by step, follow the lines and shapes. Start with the nose (heart shape) and end with the heart shape the bear is holding.

Answer questions in your drawing: Where is your bear? What does your bear say?

Share your bear on socials and connect with *#scaredbear*.

Can you spot the differences between this bear and that bear?
Can you draw more details?

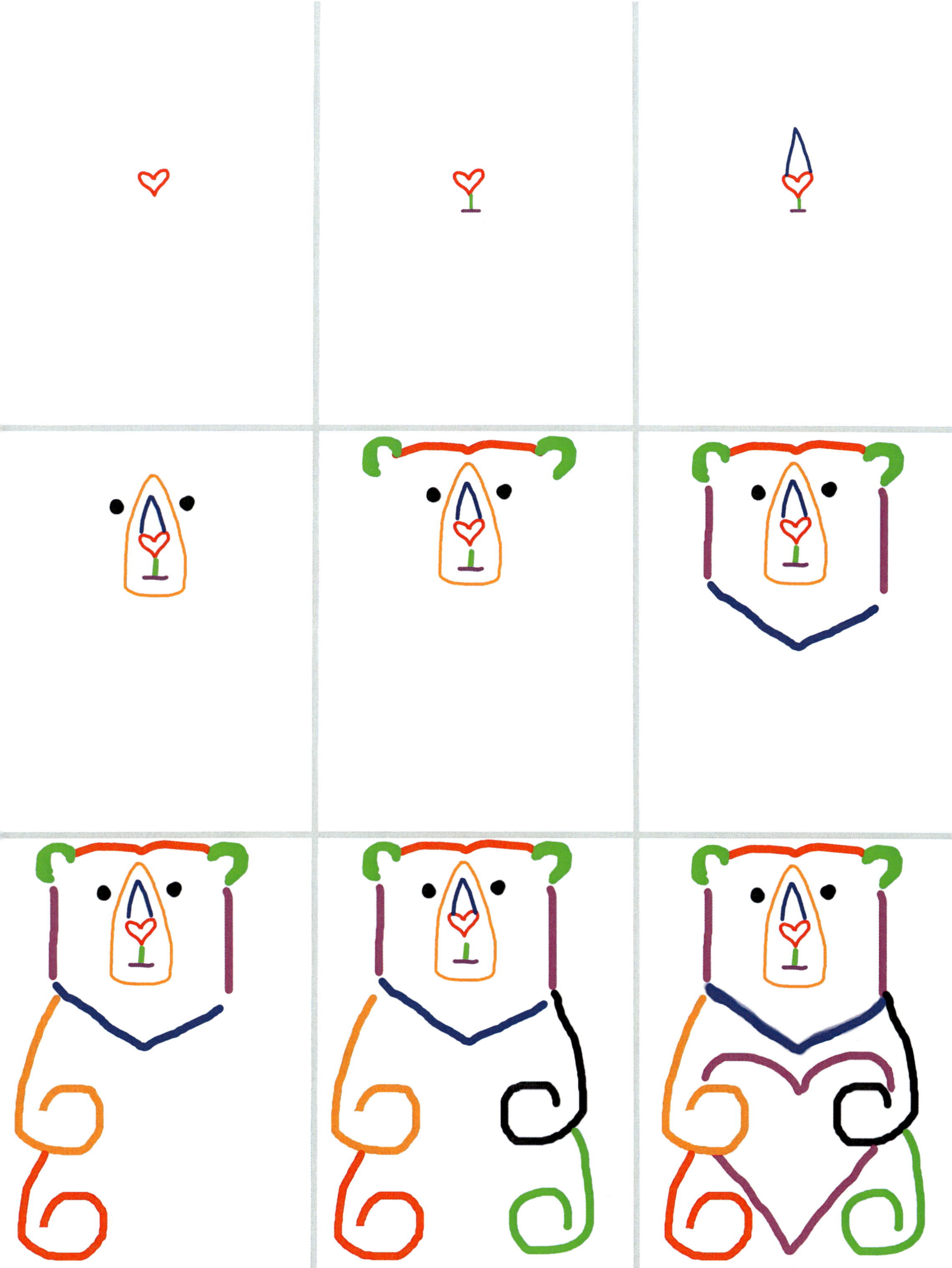

Practice drawing your

#scaredbear here!

Remember to add extra details
and share to connect with others. 🙂

Mother with Dawgter, 2019, acrylic on silk, 24" x 24", TLC

Meet the Author and Artist,
Tanya Lynn Coghill / Tanya Tee Art_TLC

Tanya lives in Mission, BC, with her husband and their dog.

They would like to acknowledge the place they call home is situated on the unceded, ancestral, and shared territory of the Stó:lō people, who have occupied these lands since time immemorial. The City of Mission is located on Leq'á:mel, Semá:th, Kwantlen, Sq'éwlets, Máthexwi, and Katzie traditional territories.

After travelling, working and studying abroad for 17 years, teaching art and ESL, and exhibiting her art in places like Scotland, Thailand, England and Taiwan, Tanya returned to Canada.

She has an MFA (honors) from NKNU Kaohsiung, a BFA (honors and distinction) from the University of Victoria, and a Studio Art diploma from Capilano College, North Vancouver.

Tanya would like to give appreciation and gratitude to Bear; her husband, Brian; Kimberly and Graham; Elise; Maurice; Mack and the team at Mission Art Council; 202 Gallery; and everyone who believes in compassion.

IG/FB: tanyateeart_TLC

email: tanyateearttlc@gmail.com

website: www.tanyateearttlc.com

Thank You!

Thanks for reading *Scared Bear*! I hope you enjoyed the experience and are inspired to write, draw, ask more questions, and paint your own story.

It would mean a lot to Bear and me if you would leave a review. To do this, please find this book on Amazon, scroll down to "Review this product" and click " Write a customer review."

I hope to connect with you on social media with your *#scaredbear* drawings and collaborate as we co-create the world together.

I look forward to seeing your creativity!

With compassion and heart work,
Tanya Lynn Coghill / Tanya Tee Art_TLC

p.s. You can find more works, including my original art-covered notebooks, at www.tanyateearttlc.com.

Manufactured by Amazon.ca
Acheson, AB

30750184R00033